11 février 1892

VENTE

Des Jeudi 11 et Vendredi 12 Février 1892

HOTEL DROUOT, SALLE N° 1

à 2 h. 1/4

BELLE

ARGENTERIE ANCIENNE

Porcelaines de Saxe et de Sèvres

DE CHINE ET DU JAPON

FAIENCES, ÉTAINS

STATUETTE EN MARBRE DE D'ÉPINAY

Bijoux, Diamants

MEUBLES, BRONZES

Tapis de l'Inde

TABLEAUX, MINIATURES

Me G. DUCHESNE

COMMISSAIRE-PRISEUR

6, rue de Hanovre, 6

M. A. BLOCHE

EXPERT PRÈS LA COUR D'APPEL

25, rue de Châteaudun, 25

EXPOSITION PUBLIQUE

Le Mercredi 10 Février 1892, de 2 h. à 6 h.

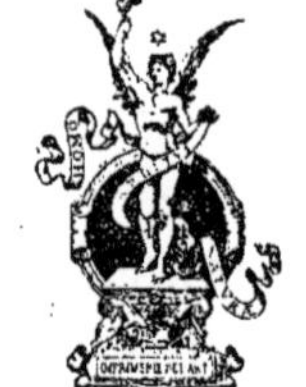

CATALOGUE

DE BELLE

ARGENTERIE ANCIENNE

Travail français du XVIIIe siècle

Deux Écuelles avec plats, Sucriers, Saucière, Salières
Cafetières, Aiguière, Gobelets, Couverts

JOLIES PORCELAINES DE SAXE ET DE SÈVRES

DE CHINE ET DU JAPON

Faïences françaises et hollandaises
Bijoux, Diamants, Miniatures, Boites, Bonbonnières

Belle Statuette en marbre : L'Amour mendiant, de d'Épinay

Terres cuites de Van der Straeten

TABLEAUX, SERVICE DE TABLE DU JAPON

MEUBLES ANCIENS ET DE STYLE

COLLECTION D'ÉTAINS DU XVIIIe SIÈCLE

Bronzes d'art et d'ameublement

Tapis de l'Inde, Tenture en velours bleu

DONT LA VENTE AURA LIEU

HOTEL DROUOT, SALLE N° 1

Les Jeudi 11 et Vendredi 12 Février 1892

A 2 HEURES 1/4

Par le Ministère de Me GEORGES DUCHESNE, commissaire-priseur
6, rue de Hanovre, 6

Assisté de M. A. BLOCHE, expert près la Cour d'appel
25, rue de Châteaudun, 25

Chez lesquels on trouve le présent Catalogue

EXPOSITION PUBLIQUE

Le Mercredi 10 Février 1892, de 2 heures à 5 heures

CONDITIONS DE LA VENTE

La vente sera faite au comptant.

Les acquéreurs payeront, en sus de leur adjudication, *cinq pour cent* applicables aux frais.

L'exposition mettant les acquéreurs à même de se rendre compte de l'état des objets, aucune réclamation ne sera admise une fois l'adjudication prononcée.

Paris — Imp. de l'Art, E. Ménard et Cie, 41, rue de la Victoire.

DÉSIGNATION DES OBJETS

ARGENTERIE

1 — Très belle écuelle en argent, à anses plates, dessin rocaille, finement ciselé, avec couvercle à entourage rocailles gravées, couronné par un artichaut. Le plateau est armorié. Travail vieux Paris. Époque Louis XV.

2 — Belle écuelle en argent, à anses plates, finement ciselé, avec couvercle couvert d'ornements gravés; le bouton à buste de femme ciselé et le plateau armorié. Travail vieux français. Époque Louis XIV.

3 — Joli sucrier avec couvercle en argent repoussé, décor à guirlandes, armoiries et rocailles. Travail vieux français. Époque Louis XV.

4 — Joli sucrier en argent ciselé avec couvercle, décor à guirlandes et écussons se détachant sur un fond de verre bleu. Travail vieux français. Époque Louis XVI.

5 — Saucière avec plateau en argent, forme oblongue, contours à rocailles. Travail vieux Paris. Époque Louis XV.

6 — Sucrier à deux anses avec couvercle, décor à côtes tournantes, au poinçon du vieux Paris. Époque Louis XV.

7 — Paire de très belles salières à double compartiment; monture en argent ciselé, pieds à consoles reliés par des guirlandes de laurier, avec écussons suspendus à des nœuds de rubans, poignées en forme d'artichauts. Travail français. Époque Louis XVI.

8 — Cafetière en argent repoussé et ciselé, décor à ornements Régence, au poinçon vieux français de l'époque.

9 — Aiguière en argent finement gravé et ciselé, décor à ornements, au poinçon vieux français de la Régence.

10 — Gobelet de mariage en argent finement gravé, décor à ornements avec inscription Louis D de la cour, Me. Ths^e de la cour, 1740, au poinçon vieux français. Époque Louis XIV.

11 — Moutardier en argent ciselé, décor à guirlandes et ornements. Louis XVI.

12 — Six timbales à liqueurs en argent, modèle à côtes tournantes, au poinçon vieux français. Louis XV.

13 — Trois timbales à liqueurs en argent gravé et repoussé, décor à guirlandes de fleurs et festons de rubans, au poinçon vieux français. Louis XVI.

14 — Deux petites timbales à liqueurs en argent repoussé, décor à guirlandes de fleurs et de fruits. Style Louis XIV.

15 — Salière avec couvercle à charnières, en argent, décor à guirlandes de fleurs et de feuillages ciselés, au poinçon vieux français. Louis XVI.

16 — Deux couverts en argent ciselé, à écussons, fruits et feuillages. Style Louis XIV. Travail de Maurice Mayer.

17 — Six cuillères à café en argent. Louis XIV.

18 — Deux couverts en argent, à coquilles et armoiries, au poinçon vieux Paris. Louis XIV.

19 — Deux plats creux à fruits en argent, bordures à canaux, au poinçon vieux Paris. Louis XIV.

20 — Plat en argent ciselé, bordure à feuillages. Style Louis XV.

21 — Deux seaux en verre côtelé, montés en vermeil ciselé. Époque premier Empire.

ANCIENNES PORCELAINES DE SAXE ET DE SÈVRES

22 — Très jolie écuelle avec couvercle et un plateau en vieux Saxe, décor à sujets Watteau, bords rehaussés d'or, anses à branchages, bouton du couvercle à grappe de raisin.

23 — Jolie écuelle avec couvercle en vieux Saxe, décor à sujets Watteau et bouquets, bordure rehaussée d'or; anses à branchages fleuris, bouton du couvercle formé d'une fraise.

24 — Six grandes et belles assiettes en vieux Saxe, décor à groupes de fruits et fleurs détachées, bords gaufrés, dessin à cartels et rocailles, relevé d'or à la dentelure.

25 — Sucrier avec couvercle et plateau en vieux Saxe, décor volatiles dans des paysages et insectes ; bordure rehaussée d'or.

26 — Deux compotiers en vieux Saxe, décor à volatiles, bords rehaussés d'or.

27 — Tasse et soucoupe en vieux Saxe, décor à bouquets de fleurs encadrés de rocailles gaufrées.

28 — Bol à sucre en vieux Saxe, offrant comme décor des vues de châteaux animées de figures; bords rehaussés d'or.

29 — Joli petit vase avec couvercle en vieux Sèvres, pâte tendre, décor à médaillons, enfant dans un paysage et bouquets de fleurs, encadrements à rocailles relevés d'or, fond bleu turquoise. Monture en bronze doré.

30 — Sucrier en vieux Sèvres, pâte tendre, décor à guirlandes de fleurs en bleu et rehaussées d'or.

31 — Deux pots à crème en vieux Sèvres, pâte tendre, décor à bouquets de fleurs, bords en bleu et or.

32 — Tasse en ancienne porcelaine de l'Inde, décor à sujet et mosaïque.

OBJETS D'ART ET D'AMEUBLEMENT

SCULPTURES, BRONZES, MEUBLES, CÉRAMIQUE

33 — Très jolie statuette en marbre blanc : *l'Amour mendiant*, de d'Épinay. Œuvre des plus charmantes du maître.

34 — Bureau plat, à double face, en acajou orné de cuivres. Époque Louis XVI.

35 — Jolie pendule avec socle d'applique en bronze ciselé et doré ; modèle des plus charmants de Caffiéri, à rocailles et cerf se détachant au milieu du socle, avec figure d'enfant bandant un arc couronnant la pendule.

36 — Deux jolies petites chaises en bois sculpté et laqué blanc, à filets roses de style Louis XVI.

Les dossiers à médaillons et les sièges sont garnis en soie brochée à fleurs sur fond blanc argent.

37 — Banquette garnie en peluche rouge et tapisserie à la main.

38 — Chaise en noyer sculpté et ciré, de style Louis XIII, recouverte en peluche rouge galonnée d'or.

39 — Fauteuil en noyer ciré, de style Louis XIII, recouvert en tapisserie à feuillages en bleu sur fond gris.

40 — Tabouret carré en noyer sculpté et ciré, garni en peluche ponceau; le dessus est recouvert en tapisserie à fleurs et oiseaux; encadrement en passementerie.

41 — Tabouret de forme carrée en noyer sculpté et ciré, style Louis XIII, garni en peluche violette; le dessus est recouvert d'une tapisserie fond brun, médaillon à perroquet sur fond d'or.

42 — Tabouret forme X en noyer sculpté, à feuillages; le dessus, en velours bleu, est recouvert d'un carré de tapisserie ancienne, à oiseaux et arbustes au bord d'un cours d'eau.

43 — Autre siège de même forme et de même travail, garni en peluche ponceau et orné, sur le dessus, d'un carré de tapisserie à fleurs et ornements sur fond crème.

44 — Autre siège de même forme et de même travail, garni en peluche vert mousse et recouvert en ancienne tapisserie à fleurs, avec encadrement de passementerie.

45 — Fauteuil forme X en noyer sculpté, à mufle de lion et feuillages, pieds à griffes; dossier et siège garnis en velours rouge galonné d'or.

46 — Grand plat en porcelaine de Chine fond bleu turquoise, à fleurs et oiseaux; bordure à ornements sur fond gros bleu.

47 — Deux grands plats du Japon, décorés d'arbres, d'oiseaux et de cages.

48 — Grand plat de Chine fond blanc, à décor de paons, de fleurs et de branches fleuries; bordure fond bleu turquoise, à fleurs et ornements.

49 — Plat du Japon, à réserves de fleurs, de personnages et de paysages.

50 — Grand plat en faïence italienne, décoré, au centre, d'un sujet allégorique aux Saisons; bordure à fleurs sur fond bleu.

51 — Plat en faïence hispano-mauresque, à reflets métalliques; décor d'oiseaux et fleurs.

52 — Plat à ombilic en même faïence, décor de quadrupède sur fond blanc.

53 — Deux plats en ancienne faïence de Delft polychrome, décor d'oiseaux et de fleurs; bordure à fleurs et bandes quadrillées.

*

54 — Deux plats en vieux Delft, à figures de pècheurs au bord de la mer, entourage de grecques; bordure à cannelures en bleu sur fond blanc.

55 — Deux plats en vieux Delft polychrome; décor d'oiseaux et vase fleuri; bordure à fleurs.

56 — Plat de Delft, décor de quadrupède, bordure à réserves de fleurs et de personnages en bleu.

57 — Plat en vieux Delft, décor à rosace centrale; bordure à lambrequins en bleu sur fond blanc.

58 — Plat en même faïence, décoré d'une corbeille fleurie; bordure à palmes et fruits en bleu.

59 — Plat en vieux Delft polychrome, décor à vase fleuri; bordure à réserves de fleurs, séparées par des bandes quadrillées.

60 — Plat en ancienne faïence de Delft fond jaune, décoré de cœurs de fleurs et de pommes de pin en polychrome.

61 — Assiette creuse en ancienne porcelaine de l'Inde, decor à armoiries fleurdelisées rehaussé d'or.

62 — Assiette en ancienne faïence de Marseille, décorée, au centre, d'une tulipe; bordure à feuille de chou en camaïeu.

63 — Assiette de Moustiers, décor d'oiseaux perchés en jaune sur fond blanc.

64 — Assiette en vieux Rouen, décor à la Corne.

65 — Assiette en vieux Rouen, décor à rosace ; bordure à ornements en bleu sur fond blanc.

66 — Deux belles assiettes en vieux Delft polychrome, décor de parcs et d'oiseaux.

67 — Quatre assiettes en même faïence, décor Chinois en bleu sur fond blanc.

68 — Deux assiettes en vieux Delft, décor à réserves de fleurs et de quadrillés en polychrome.

69 — Trois assiettes en vieux Delft fond vert, décor de cœurs de fleurs et de pommes de pin.

70 — Cinq assiettes en ancienne faïence française, décor à corbeilles fleuries et oiseaux.

71 — Petit meuble-cabinet, à glace.

72 — Paire de jardinières en bronze doré, décorées de sujets mythologiques en relief. Style Louis XV.

73-74 — Deux tapis brodés. Travail de l'Inde.

75 — Guéridon rond, sur quatre pieds en argent et filets de cuivre, à dessus de marbre blanc, entouré d'une galerie en cuivre. Époque Louis XVI.

76 — Baromètre en bois sculpté et doré du temps de Louis XVI.

77 — Coffre en bois laqué. Travail chinois.

78 — Meuble cache-pot à six pans décorés de feuilles en papier peint de Chine; monture en bambou.

79 — Grand et beau vase brûle-parfums en ancienne porcelaine du Japon, anses formées de dragons, pied en bronze doré.

80 — Deux flambeaux d'autel en bois sculpté, pieds à têtes d'anges.

81 — Deux lampes anciennes en cuivre.

82 — Samovar en cuivre, forme boule. Époque Empire.

83 — Samovar Louis XV, en cuivre rouge.

84 — Fer à friser en cuivre.

85 — Galerie de foyer en cuivre, ornée de bornes reliées par une chaîne.

86 — Paire de flambeaux Louis XIII, en cuivre.

87 à 89 — Trois paires de flambeaux d'autel de différentes dimensions.

90 — Deux samovars de forme ovoïde posant sur trois pieds.

91 — Aiguière avec plateau en étain.

92 — Six assiettes Louis XV à bords contournés, en étain.

93 — Deux écuelles Louis XIII à anses en étain.

94 — Plat ovale et plat rond à bords contournés, en étain.

95 — Bassin Louis XV en étain.

96 — Autre bassin à anses, de même époque.

97 — Bassin à anses en étain.

98 — Deux plats Louis XV, de forme ronde.

99 — Grand plat rond décoré d'armoiries.

100 — Fontaine forme boule en étain, ornée d'ailes sur les côtés, robinet à figures de dauphin ; le bassin forme coquille est décoré en relief d'un sujet mythologique : Diane et Actéon.

101 — Deux cafetières en étain du temps de l'Empire.

102 — Cafetière Louis XV en étain.

103 — Neuf pièces en étain : burettes, coupes, flacons, boîte aux saintes huiles, bénitier, moutardier, porte-cuillères.

104 — Paire de flambeaux en étain. Louis XIII.

105 — Paire de flambeaux en étain forme colonnes à chapiteaux.

105 *bis* — Miniature ronde du temps de Louis XVI, représentant les offrandes des amours.

106 — Miniature sur ivoire : Portrait de la princesse de Lamballe.

107 — Grande et belle miniature sur ivoire, représentant une dame en costume du XVIIIe siècle, prenant des fruits dans une corbeille.

108 — Miniature rectangulaire sur ivoire : Portrait de Mme Vestier en robe de soie violette décolletée, coiffée d'un grand chapeau empanaché.

109 — Pastel ovale, représentant une jeune fille en costume Louis XVI, lisant dans un livre.

110 — Pastel représentant une jeune fille décolletée en costume Louis XV.

111 — Miniature ovale sur ivoire : Jeune Femme en costume du Directoire, coiffée d'un turban.

112 — Miniature ronde sur ivoire, représentant Mlle Guimard vêtue d'une robe violacée, coiffée d'un chapeau orné de fleurs.

113 — Jolie petite miniature sur ivoire : Portrait de Mme Élisabeth en robe violette, coiffure très légère en dentelles et rubans. Cadre ciselé.

114 — Miniature ronde sur ivoire : Portrait de dame, robe décolletée, cheveux poudrés.

115 — Miniature ronde sur ivoire : Portrait de dame, avec plumes dans les cheveux, robe violette avec écharpe blanche.

116 — **Poirson.** En pleine mer.

117 — Pendule d'applique en marqueterie ornée de bronzes. Époque Louis XIV.

118 — Buste en bronze : La Jeunesse, de Céribelli.

119 — Groupe en biscuit : Léda et le Cygne.

120 — Paire de statuettes en porcelaine à la dentelle.

121 — Groupe en bronze : Les Ouailles du père Philippe.

122 à 124 — Trois bonbonnières en porcelaine de Saxe.

125 — Deux gravures, cadres en bronze.

126 — Statuette en bronze : Napoléon, sur socle en bois noir.

127-128 — Deux miniatures.

129 — Groupe en terre cuite : Enfant à la musette.

130 — Groupe en porcelaine à la dentelle.

131 — Petit buste en bronze : Béranger, sur socle en marbre.

132 — Paire de vases en porcelaine, fond jaune ; monture en bronze doré Empire.

133 — Vide-poche forme oiseau, en porcelaine de Saxe.

134 — Statuette en terre cuite : Marie-Antoinette.

135 — Paire de flambeaux disposés en lampes à pétrole en bronze.

136 — Paire de flambeaux en bronze doré. Style Empire.

137 — Lampe forme balustre en bronze nickelé.

138 — Lampe en porcelaine, monture en bronze doré.

139 — Lampe mignonnette en émail cloisonné et bronze doré. Style Louis XV.

140 — Lampe forme balustre en onyx et bronze doré.

141 — Lampe en bronze verni et or.

142 — Support en bronze poli.

143 — Paire de colonnes en marbre.

143 *bis* — Deux gaines en marbre.

144 à 147 — Quatre tableaux, écoles diverses.

148 à 150 — Trois miniatures : Portraits de femmes.

151 — Garniture de cheminée en bronze poli.

152 — Vase en porcelaine décorée.

153 — Vitrine style Louis XVI, forme demi-lune.

154 — Garniture en faïence de Sarreguemines.

155 — Casier à musique verni.

156 — Grande pendule en bronze.

157 — Deux chaises. Style Louis XVI.

158 — Deux supports en bois noir.

159 — Guéridon en acajou.

160 — Lustre hollandais.

161 — Deux flambeaux Louis XVI.

162 — Quatre appliques Louis XVI.

163-164 — Quatre gravures en couleurs.

165 à 168 — Quatre miniatures : sujets divers.

169 à 171 — Six statuettes en porcelaine décorée.

172-173 — Six pièces : chinoiseries.

174 — Jolie statuette en terre cuite : *Coquette*, de Van der Straeten.

175 — Buste en terre cuite : *les Cerises*, de Van der Straeten.

176 — Statuette originale en terre cuite : *Soubrette*, de Van der Straeten.

177 — Buste en bronze : *la Rieuse*, de Van der Straeten.

178 — Bonbonnière ovale en porcelaine de Saxe.

179 — Bonbonnière forme trèfle, en porcelaine d'Allemagne.

180 — Bonbonnière forme cœur, en porcelaine d'Allemagne.

181 — Coupe en porcelaine d'Allemagne.

182 — Vase en faïence hispano-arabe.

183 — Boîte en faïence hispano-arabe,

184 — Amphore en faïence hispano-arabe.

185 — Deux corbeilles en faïence, genre bambou à jour.

186 — Paire de statuettes en porcelaine, fond ivoire.

187 — Petit groupe de deux figures, en porcelaine de Saxe.

188 — Paire de petites statuettes, en porcelaine de Saxe.

189 — Groupe de deux figures, en porcelaine de Saxe à la dentelle.

190 — Deux petites statuettes : Amours en porcelaine.

191 — Deux statuettes en porcelaine de Saxe : Amours.

192 — Petite statuette en porcelaine de Saxe à la dentelle.

193 — Enfant couché dans un berceau, en porcelaine à la dentelle.

194 — Paire de vases, style Louis XVI, en bronze.

195-196 — Deux jumelles en nacre.

197 à 200 — Quatre bustes et groupes en biscuit.

201 — **École moderne.** Deux tableaux se faisant pendants.

202-203 — Deux bronzes.

204 — Carpette, fond crème.

205 — Bahut en chêne sculpté, avec cariatides, têtes d'anges, de la Renaissance.

206 — Très beau tapis persan, à bordures, joli dessin polychrome. Long., 6 m. 20 cent.; larg., 4 m. 80 cent.

207 — Service de table et à dessert en porcelaine du Japon, genre ancien, joli décor, composé de :

Saladier ;
Soupière ;
Quatre légumiers avec couvercles ;
Quatre compotiers ;
Sept plats ovales ;
Plat rond à anses ;
Deux sucriers avec plateaux ;
Dix-huit assiettes creuses ;
Quatre-vingt-douze assiettes plates ;
Trente-six assiettes à dessert ;

208 — Rideaux, portières, tentures et galons pour chambre à coucher, en velours bleu, composé de :

Ciel de lit, baldaquin à franges;
Deux grands rideaux de lit de 3 m. 50 cent. de haut;
Deux grandes fenêtres à l'italienne, composées de quatre rideaux très grands et draperies;
Une portière double et lambrequin;
Deux portières simples;
Une tenture de 2 m. 25 cent. de haut sur 14 mètres de long;
Galon pour la tenture.

Le tout *molletonné et doublé* de soie.

209 — Paire de statuettes, costume Moyen-Age, en faïence décorée.

210 — Buste en terre cuite : Enfant guerrier.

211 — Statuette en biscuit : la Soubrette.

212 — Porte-fleurs en faïence décorée, forme violon.

213 — Statuette en biscuit : la Vanneuse.

214 — Paire de statuettes en terre cuite décorée : Buveur et Servante.

215 — Paire de statuettes en biscuit : Cendrillon.

216 — Groupe en terre cuite : Enfant à l'escargot.

217 — Statuette équestre en biscuit, costume Louis XIII.

218 — Paire de groupes en faïence décorée : Figures à la fontaine.

219 — Paire de statuettes en biscuit : la Mouillette.

220 — Groupe en porcelaine décorée : le Médecin malgré lui.

221 — Figurine en biscuit : la Cigale.

222 — Figurine en biscuit sur socle bleu : Vénus à l'oiseau.

223 — Paire de statuettes mignonnettes en porcelaine décorée.

224 — Plat en porcelaine décorée, genre Capodimonte.

225 — Paire de petits bustes en biscuit : Napoléon Ier et l'Impératrice Joséphine.

226 — Groupe en biscuit : la Leçon de lecture.

227 — Statuette en porcelaine décorée : Polichinelle.

228 — Groupe en porcelaine décorée : Chevrière.

229 — Paire de statuettes en porcelaine décorée : Barbe-Bleue.

230 — Paire de candélabres en porcelaine décorée.

231 — Boîte en ivoire avec miniature : Portrait du Roi de Rome.

BIJOUX

232 — Très jolie châtelaine Louis XVI, avec montre, clef, cachet et gland en or émaillé bleu, enrichie de roses et de perles et ornée de cinq médaillons : portraits de jeunes femmes émaillés en couleurs, avec roses dans les ajustements.

Ce beau bijou a appartenu, dit-on, à la reine Marie-Antoinette.

232 *bis.* — Paire de boutons d'oreilles formés de deux brillants solitaires.

233 — Bracelet-chaîne forme trèfle en or, enrichi de treize brillants et six perles fines.

234 — Broche formée de trois hirondelles en or et roses.

235 — Paire de boutons d'oreilles composés de deux turquoises fines entourées de vingt-huit brillants.

236 — Bracelet en or forme fer à cheval, enrichi de brillants et rubis.

237 — Broche barrette enrichie de cinq rubis et quatre brillants.

238 — Bague composée d'une opale entourée de dix-huit brillants.

239 — Épingle de cravate en brillants, rubis et saphirs.

240 — Paire de boutons d'oreilles formés de deux perles fines et deux brillants.

241 — Broche papillon enrichie de deux perles grises et de quatre brillants.

242 — Bague jumelle en or, enrichie de neuf brillants et d'un saphir.

243 — Bague jonc en or, enrichie d'un brillant et deux saphirs.

244 — Épingle de cravate ornée d'une perle fine et de roses.

245 — Crochet de montre en or ciselé, avec montre en or.

246 — Bague forme croix ornée d'une perle fine et quatre brillants.

247 — Broche ronde en turquoises fines, perle et roses.

248 — Bague parée de neuf brillants.

249 — Bague en or ornée d'une turquoise fine.

250 — Trois boutons de chemise en or et perles fines.

251 — Six épingles en or et perles fines.

252 — Bracelet en or.

253 — Statuette majolique.

254 — Deux salières en argent.

255 — Encrier en argent ancien.

256 — Cuvette et pot à eau, en argent.

257 — Vase en argent ancien.

258 — Plat en argent.

259 — Bague en or, formée d'un gros brillant.

260 — Montre d'homme en or, à remontoir.

261 — Montre de dame en or, à remontoir.

262 — Chaîne de dame, en or.

263 — Épingle de cravate, en roses et perles fines,

264 — Épingle, forme fer à cheval, ornée de perles fines.

265 — Montre de femme en or, à remontoir.

266 — Montre de femme en argent, à remontoir.

267 — Montre d'homme en argent.

268 — Bracelet avec montre en or, à remontoir.

269 — Bague avec un petit brillant.

270 — Broche en or, avec roses forme fleur.

271 — Épingle en or émaillé du XVIe siècle, forme main, avec brillants de table et rubis.

272 — Chaîne de gilet en or.

273 — Montre en argent. Louis XIV.

274 — Dessus de râpe à tabac en ivoire. Époque Louis XIV.

275 — Éventail, feuille à sujet champêtre; monture en ivoire.

276 — Deux épingles à cheveux, en écaille et or.

277 — Objets non catalogués.

www.ingramcontent.com/pod-product-compliance
Ingram Content Group UK Ltd.
Pitfield, Milton Keynes, MK11 3LW, UK
UKHW022142260726
13993UKWH00005B/2106

9 782329 513294